AF357044

ARREST
DV CONSEIL

D'ESTAT,

10. x.^{bre} 1643

Portant continuation & prolongation
de l'exposition des Especes d'or &
d'argent legeres, iusques au dernier
Iuin prochain pour tout delay: Et
defenses de refuser les Especes d'ar-
ds sans grains pour le prix
edit Arrest, sur les pei-
onnées.

ur des Monnoyes le dernier
Decembre 1643.

A PARIS,

Chez **Sebastien Cramoisy**, Imprimeur ordinaire du Roy, & en la Cour
des Monnoyes.

M. DC. XLIV.

Auec Priuilege de sa Maiesté.

ARREST DV CONSEIL D'ESTAT,

18. x.bre 1643

Portant continuation & prolongation de l'exposition des Especes d'or & d'argent legeres, iusques au dernier Iuin prochain pour tout delay : Et defenses de refuser les Especes d'argent de poids sans grains pour le prix porté par ledit Arrest, sur les peines y mentionnées.

Regiſtré en la Cour des Monnoyes le dernier Decembre 1643.

A PARIS,

Chez SEBASTIEN CRAMOISY, Imprimeur ordinaire du Roy, & en la Cour des Monnoyes.

M. DC. XLIV.

Auec Priuilege de ſa Maieſté.

Extraict des Registres du Conseil d'Estat.

VR ce qui a esté representé au Roy en son Conseil, qu'encores que l'on ait donné plusieurs delays , pour le conuertissement de l'or & argent leger, l'on n'a peu neantmoins paruenir à l'entier conuertissement, à cause que les particuliers ont negligé de l'apporter à la Monnoye au moulin,

A ij

dans l'esperance qu'ils ont
eu que l'on continuëroit
les delays precedens ; Ce
qui a causé que la pluspart
du temps les Ouuriers sont
demeurez en chomage,
particulierement pour ce
qui regarde l'or leger. A
quoy il est necessaire de re-
medier en accordant enco-
res vn dernier delay, aprés
lequel expiré sa Maiesté
prendra le droit de Sei-
gneuriage sur l'or leger, qui
se trouuera n'estre point
conuerty. Oüy le rapport
du Sieur de Mauroy : SA
MAIESTÉ EN SON
CONSEIL, a continué &

prolongé le temps pour le
conuertiſſement & expo-
ſition deſdites Eſpeces d'or
& d'argent legeres au
marc, iuſques au dernier
Iuin prochain pour tout
delay : Pendant lequel
temps ſa Maieſté enioint à
toutes perſonnes d'appor-
ter, ou enuoyer, tant en ladite Monnoye du moulin
de Paris, qu'en celle eſtablie en la ville de Lyon,
toutes les Eſpeces d'or &
d'argent legeres , pour y
eſtre cóuerties, & la valeur
renduë comme il eſt ac-
couſtúmé : & à faute d'apporter ledit or, dans ledit

A iij

dernier Iuin, ſadite Maieſté veut & entend, que ſur l'or leger qui reſtera à conuertir, il ſoit pris ſont droit de Seigneuriage, ainſi que ſur les lingots d'or, & comme il eſt reglé par la Declaration de ſad. Maieſté du dixiéme Septembre 1636. regiſtrée en la Cour des Monnoyes, Et pour les Eſpeces d'argent de France de poids auec le remede des grains accordé par la Declaration d eſadite Maieſté du troiſiéme Octobre 1640. ſadite Maieſté a auſſi prológé pareil temps de ſix mois pour l'expoſition d'icelles : Faiſant auſſi ſadite Maieſté tres-expreſſes defeſes de refuſer les Eſpeces de poids ſans le remede des grains, ſçauoir les Quarts d'eſcus pour vingt-vn ſols, les Francs pour vingt-huit ſols, les Teſtons pour vingt ſols ſix deniers, & ainſi de leurs diminutions à proportion, à peine de mil liures d'amende pour la premiere fois, & de punition corporelle pour la ſeconde. Fait au Conſeil d'Eſtat du Roy tenu à Paris le trentiéme Decembre mil ſix cens quarante-trois.

Signé, GALLAND.

LOVIS par la grace de Dieu Roy de France & de Nauarre, A nos amez & feaux Conseillers les gens tenans nostre Cour des Monnoyes à Paris, Salut. Nous vous mandons & ordonnons de faire registrer, lire, & publier, l'Arrest dont l'extraict est cy-attaché sous le contre-scel de nostre Chancellerie, ce iour-d'huy donné en nostre Conseil d'Estat, portant continuation pour six mois du dernier delay, accordé pour le conuertissement & exposition des Especes

Efpeces d'or & d'argent
legeres au marc , aux ter-
mes & ainfi qu'il eft porté
par ledit Arreft, à l'entiere
execution duquel vous
tiendrez la main: CAR tel
eft noftre plaifir. Donné à
Paris le trentiéme iour de
Decembre l'an de grace
1643. & de noftre Regne le
premier. Signé, Par le Roy
en fon Confeil, GALLAND,
& fcellé de cire iaune du
grand Scel fur doublé
queuë.

Extraict des Regiſtres de la Cour des Monnoyes.

VEV par la Cour l'Arreſt du Conſeil d'Eſtat du Roy du 30. des preſens mois & an, & Cõmiſſion ſur iceluy addreſſante à ladite Cour, ſigné, Par le Roy en ſon Conſeil, GALLAND, & ſcellé de cire iaune du grand ſeel ſur ſimple queuë: par lequel Arreſt ſa Maieſté pour les cauſes y contenuës a continué & prolongé le temps pour le conuertiſſement & expoſition des Eſpeces d'or & d'argent legeres au marc, iuſques au dernier Iuin prochain pour tout delay; pendant lequel temps ſa Maieſté enioint à toutes perſonnes d'apporter ou d'enuoyer tant en la Monnoye du moulin de Paris, qu'en celle eſtablie en la Ville de Lion, toutes les Eſpeces d'or &

d'argent legeres , pour y estre
conuerties , & la valeur renduë
comme il est accoustumé : Et à
faute d'apporter ledit or dans ledit dernier Iuin , veut & entend
que sur l'or leger qui restera à
conuertir, il soit pris son droit de
Seigneuriage ainsi que sur les lingots d'or , & comme il est reglé
par la Declaration de sa Maiesté
du 10. Septembre 1636. enregi-
strée en la Cour des Monnoyes.
Et pour les Especes d'argent de
France de poids auec le remede
des grains accordé par la Declaration du 3. Octobre 1640. sa Maiesté a aussi donné pareil temps de
six mois pour l'exposition d'icelles:
faisant tres-expresses defenses de
refuser les Especes de poids sans
le remede des grains , sçauoir les
Quarts d'escus pour vingt & vn sol,
les Francs pour vingt-huit sols, les
Testons pour vingt sols six deniers,
& ainsi de leurs diminutions à
proportion , à peine de mil liures

B ij

d'amende pour la premiere fois, & de punition corporelle pour la seconde. Ouy & ce requerant le Procureur General, LA COVR a ordonné & ordonne, que ledit Arreſt & Commiſſion ſeront regiſtrez és regiſtres d'icelle, pour eſtre executez ſelon leur forme & teneur, & à cette fin publiez par les Carrefours & lieux publics & accouſtumez de ladite Ville & Fauxbourgs de Paris. Ordonne en outre ladite Cour, que toutes perſonnes pourront auſſi porter ou enuoyer dans ledit temps aux autres Monnoyes ouuertes de ce Royaume, toutes Eſpeces d'or & d'argent legeres, pour eſtre conuerties, & la valeur renduë en Eſpeces d'eſcus d'or & pieces de vingt & vn ſol de poids : & que copies collationnées par le Greffier d'icelle, deſdits Arreſts & Commiſſion ſeront enuoyées aux Generaux Prouinciaux, & Gardes des Monnoyes de ce Royaume, pour

15

les faire executer selon leur forme
& teneur. Fait en la Cour des
Monnoyes le dernier Decembre
mil six cens quarante-trois.

Signé, DELAISTRE.

L'an mil six cens quarante-trois
le Ieudy dernier iour de Decembre,
l'Arrest du Conseil d'Estat & Com-
mißion cy-dessus ont esté leus & publiez à son de trompe & cry public,
aux Carrefours & autres lieux, tant
ordinaires qu'extraordinaires de cette Ville & Fauxbourgs de Paris, en
la presence de nous Iean Gerin premier Huißier en ladite Cour des
Monnoyes, Nicolas Lambert & Mi-
chel Rebours Huißiers en icelle sou-
signez, par Iean Ioßier Iuré Crieur
ordinaire du Roy en la Ville, Preuo-
sté & Vicomté de Paris, accompagné
de trois Trompettes, Commis de Pier-
re Gilbert, Gentien le Chable, &
autres Iurez Trompettes du Roy es-
B iij

dits lieux. Signé, GERIN, LAM-
BERT, & REBOVRS.

Collationné aux Originaux par moy
Conseiller Secretaire du Roy,
Maison, Couronne de France,
& de ses Finances, & Greffier en
chef de la Cour des Monnoyes.

www.ingramcontent.com/pod-product-compliance
Lightning Source LLC
LaVergne TN
LVHW011507170726
843501LV00009B/3665